Well Mpoyi

Le Missionnaire

Well Mpoyi

Le Missionnaire

Découvre les trois domaines de la vie qui déterminent ta mission sur terre.

Éditions Croix du Salut

Imprint
Any brand names and product names mentioned in this book are subject to trademark, brand or patent protection and are trademarks or registered trademarks of their respective holders. The use of brand names, product names, common names, trade names, product descriptions etc. even without a particular marking in this work is in no way to be construed to mean that such names may be regarded as unrestricted in respect of trademark and brand protection legislation and could thus be used by anyone.

Cover image: www.ingimage.com

Publisher:
Éditions Croix du Salut
is a trademark of
International Book Market Service Ltd., member of OmniScriptum Publishing Group
17 Meldrum Street, Beau Bassin 71504, Mauritius

Printed at: see last page
ISBN: 978-613-7-36711-7

1

Introduction

L'honnêteté intellectuelle nous oblige à reconnaitre que tout être humain sur terre désire réussir dans la vie. Chacun de nous veut satisfaire ses penchants profonds et cela par n'importe quels moyens qu'il croit propices. Est-ce de notre faute ? Non ! Et pourquoi ? Eh bien, c'est parce que chacun de nous définit la réussite selon ce qu'il entend ; et par conséquent, il cherche comment y arriver. Même si pour la plupart réussir signifie avoir assez d'argent en sa possession pour enfin faire ce que l'on veut et quand on le veut, sachons que pour d'autres, l'argent n'est pas le problème. Ce n'est pas une priorité simplement. Il y'a quelque chose d'autre qui bouillonne dans leur cœur et qui demande à être satisfait. Mais de quoi s'agit-il ?

Lorsqu'on se réfère à la création de l'homme depuis le début, nous avons une idée de ce qui se passe réellement. Nous voyons que son créateur le forme de la poussière, lui donne vie et le place dans un endroit somptueux en lui donnant un rôle et une autorité. Le rôle de cultiver et de garder le jardin, et l'autorité sur tout ce qui vivait autour de lui. ***Genèse 2 : 15 « L'Éternel Dieu prit l'homme, et le plaça dans le jardin d'Eden pour le cultiver et le garder ».*** Nous comprenons déjà que l'homme est un gardien ou une sentinelle, avec un pouvoir de dominer. Mais tout ne s'arrête pas là.

Dans son travail de surveiller et de dominer, il se voit un jour être totalement piégé par celle qui était depuis peu, son aide semblable. Il faillit à son devoir et il se retrouve chassé de l'endroit meilleur pour celui qui est inculte où il devait maintenant travailler encore plus dur. C'est pourquoi jusqu'à ce jour, l'homme a en lui la démangeaison de travailler pour gagner son pain. De n'importe quelle manière que ce soit, tout le monde sur cette terre travaille ; admettons-le d'emblée. Et c'est normal car c'est une recommandation de celui qui a placé l'homme dans ce monde.

Au-delà de cette recommandation, il y'a une autre chose que le créateur n'engage pas à l'homme cette fois-ci, mais à son aide semblable : la femme, car tous les deux étaient désormais habitant de la terre. Si à l'homme il a donné le devoir de travailler durement pour gagner le pain, à la femme il a engagé une bataille avec la postérité de celui qui l'avait trompée pour qu'à son tour qu'elle induise son homme en erreur. Il s'agit de la postérité du diable. Vous l'avez compris ? C'est simple.

En fait, au-delà des punitions que l'homme et la femme reçurent de la part du créateur, il y'a une autre situation sérieuse que la plupart des gens ne tiennent pas en compte mais qui en réalité, est le vrai sens de la vie. Je parle ici de l'inimitié entre deux entités réelles : le mensonge et la vérité. Eh oui, la postérité de la femme symbolise la vérité, et celle du diable, le mensonge.

Préoccupé par le travail, l'homme actuel oubli souvent qu'il est la postérité de la femme et qu'il est en perpétuel combat avec son pire adversaire, le mensonge. Mais comment se passe ce combat pour que l'homme ne s'en préoccupe guère ?

Avant tout, rappelons un peu en quoi consiste ce combat. Non seulement que la bible le décrit si clairement, mais la vie aussi nous le démontre : ***« Celle-ci t'écrasera la tête, et tu le blesseras le talon ».*** Genèse 3 :15. Qui écrasera l'autre la tête ? C'est la femme et sa postérité (la vérité). Et le diable et sa postérité (le mensonge), la blaisera le talon. Mais qu'est-ce qui se passe en réalité ?

Nous savons tous que le serpent, image du diable, possède le venin et que lorsqu'il te blesse, il te le transmet illico. Eh oui, cela veut dire qu'à chaque fois que la femme essayerait d'écraser le serpent, elle serait mordue. Et nous savons tous que lorsqu'on est mordu, on n'est plus apte à combattre ; il faut qu'on nous aide. C'est par là que les postérités entrent en jeu. Et cela nous renvoie à définir immédiatement la vie. Mais c'est quoi au juste ?

Eh ben, la vie est une mission divine dans laquelle les hommes appartenant soit au mensonge soit à la vérité, combattent les uns les autres. Oh là, doucement. Je suis troublé, dis-tu ? Je t'explique : Étant humain, nous provenons tous de l'éternité pour vivre temporairement sur la terre. Mais nous devons savoir que tout être humain ne provient pas de Dieu en tant que tel. Certes que c'est Dieu qui a créé l'homme mais n'oublions pas qu'il lui a aussi donné la capacité de se reproduire tout seul. D'où, l'homme peut « vivre seul sans Dieu » mais pas tous. Ceux qui vivent sans Dieu, c'est la postérité du diable et à l'inverse, c'est la postérité de la femme.

Est-ce le diable crée-t-il les hommes ? Bien sûr que non ! Il n'en a pas le pouvoir. Seul Dieu peut le faire. Et comment se crée-t-il une postérité, alors ? Il s'agit des démons ? Là encore, la réponse c'est non. Les démons sont des entités spirituelles qui sont dans le rang des anges. Ils ne sont pas des hommes. Certainement, le diable se crée une postérité parmi les hommes en possédant certains soit dans une relation amoureuse approuvée par Dieu mais non protégée, soit par celle qui est non approuvée. Nous le détaillerons un peu plus loin.

Donc nous comprenons que dans ce monde, certains ont en eux le mensonge et d'autres la vérité. Ceux qui ont la vérité sont en réalité les soldats de Dieu qui proviennent de la pensée de Dieu avant d'être matérialisés sur terre. Ils sont ceux-là pour qui il dit : ***« Avant que je t'eusse formé dans le ventre de ta mère, je te connaissais, et avant que tu fusses sorti de son sein, je t'avais consacré, je t'avais établi prophète des nations ». Jérémie 1 :5***

La vie est donc un combat ou même un affrontement entre le mensonge et la vérité mais qui est livré par des missionnaires. Donc, si Adam était un gardien seulement, après lui, tout homme qui nait est désormais un missionnaire qui vient soit pour détruire, soit pour réparer. Mais comment s'y prendre pour sortir vainqueur ? Il faut savoir faire le bon choix. Mais de quoi ? Eh bien, de trois principaux domaines de la vie qui caractérisent l'homme. Et c'est qui l'homme en réalité ? Comme dit ci-haut, l'homme est désormais un missionnaire mais avec des fonctions suivantes :

4

1

ARBRE CONSCIENT

« Puis l'Éternel Dieu planta un jardin en Eden, du côté de l'orient, et il y mit l'homme qu'il avait formé ». Genèse 2 : 8. Il est sans contredit que nous avons été créé à l'image de Dieu et à sa ressemblance mais cela pour un but bien connu ; celui de refléter Dieu sur la terre dans laquelle le diable a été précipité bien avant. Il a simplement plu à Dieu de se reproduire en humain.

Puisque l'homme est la créature de Dieu, il a fallu que la ressemblance à Dieu soit aussi dans l'endroit où il devrait habiter ; voilà pourquoi Dieu prit le soin d'aménager un espace sur la terre qu'il appela Eden afin de l'y placer. Autrement, l'homme a été tiré de la poussière mais à cause de l'excellence du souffle qui lui a donné vie, il lui a fallu un cadre idéal pour vivre, raison pour laquelle Dieu a planté un jardin pour lui.

Eden, de l'hébreu « edinu » qui signifie délice, égorgeait en lui tout le nécessaire pour que ce soit aussi un lieu de délice. Le jardin d'Eden n'était pas un jardin délicieux parce qu'il se situait à l'orient mais il l'était à cause de l'aménagement que Dieu y avait fait. Dieu n'a pas placé l'homme dans le jardin par pire hasard mais c'est parce qu'il savait qu'en étant un arbre, l'homme devrait trouver le plaisir de vivre qu'au milieu de ses amis c'est-à-dire des autres arbres comme lui.

Ceci dit que, au-delà de l'arbre de la connaissance du bien et du mal (Satan) et de l'arbre de vie (Jésus) que la bible nous révèle très clairement, nous découvrons aussi que dans le jardin d'Eden, il y avait un autre arbre que moi j'appelle « Arbre conscient » : l'homme (Adam). C'est donc avec connaissance de cause que la bible nous compare à des arbres lorsque David dit dans le ***Psaume 1:3 « Il (l'homme) est comme un arbre planté prêt d'un courant d'eau...***

Étant un arbre conscient, l'homme est le seul à bénéficier de l'autonomie de choix quant à l'endroit où il doit tirer la sève : soit en Jésus soit en Satan. C'est pourquoi il est dit : ***« Tout bon arbre porte de bons fruits, mais le mauvais arbre porte de mauvais fruit ». Matthieu 7 :17***

Sachons qu'en tant qu'arbre, l'homme avait reçu l'autorisation de se reproduire lorsque Dieu lui dit : ***« Soyez féconds, multipliez et remplissez la terre ». Genèse 1 : 28*** car Dieu avait placé en lui la semence mais la ressemblance de sa reproduction devrait correspondre à l'un de deux arbres qui étaient au milieu du jardin. Ainsi, pour assurer une bonne reproduction, Dieu suggéra à l'homme de ne pas manger les fruits de l'arbre de la connaissance du bien et du mal comme pour lui dire indirectement de manger aux fruits de l'arbre de la vie. Malheureusement pour l'homme, le pire est arrivé. Malgré le pire, l'homme a toujours gardé son autonomie de reproduction mais la tâche est devenue dure pour lui car il y a en lui désormais le bien et le mal.

Avant la chute de l'homme, la femme était pour lui une aide semblable afin de garder et de cultiver le jardin mais après sa chute, les rôles ont été inversés car c'est maintenant l'homme qui devait aider la femme et sa postérité à combattre contre Satan et sa postérité. ***Genèse 3 : 15 « Je mettrai inimitié entre toi et la femme, entre ta postérité et sa postérité ... ».*** La femme s'est elle-même créée un combat contre le serpent ancien à cause de l'attention qu'elle lui avait donnée ; et de la même manière qu'elle se faisait secourir par Adam, son homme, l'église aussi qui est l'épouse de Jésus est en perpétuel combat avec le diable et, est secourue par son époux.

Depuis l'ancienne alliance jusqu'à l'arrivée de Jésus-Christ, on nous a présenté Dieu sous divers noms notamment : Jéhovah, l'Éternel, etc. mais depuis sa naissance, Jésus a eu le fardeau de nous présenter Dieu comme étant un Père et lui comme étant notre grand-frère avec qui nous jouissons des même avantages.

Connaitre Dieu comme un père marque toute la différence parce que cela change notre manière de le considérer. Un père c'est quelqu'un de responsable et d'aimant ; c'est quelqu'un qui supporte son fardeau et qui porte en lui des nations sous forme de semence. Puisque nous sommes créés en son image et à sa ressemblance, nous sommes aussi des pères.

« La vie est un film dont Dieu seul est le scénariste » Well Mpoyi

La venue de l'homme sur la terre est un plan de Dieu depuis l'éternité. L'homme est la manifestation de l'idée éternelle dans le temps ; il est un acteur qui joue le rôle d'un film soigneusement écrit par Dieu par conséquent, il est surveillé par celui-ci afin de s'assurer l'accomplissement de sa mission. C'est cela la réussite pour lui.

La réussite est comprise comme étant l'atteinte des objectifs assignés afin d'atteindre un but précis. Notons que les objectifs assignés sont toujours l'œuvre de l'initiateur de l'activité. Son atteinte est donc une priorité.

De par son autonomie de la création, l'homme est le père qui porte en lui la semence mais qui la matérialise par le canal de la femme. Ensemble, les deux sont donc un seul père mais dont chacun joue son rôle.

Si l'homme est le porteur de la semence, de qui est donc cette semence ? Rappelons-nous de ce que nous nous sommes dit un peu plus haut, que l'homme porte en lui la semence de la personne qu'il a choisi de contempler entre Satan et Jésus. C'est Dieu qui a fait la semence mais c'est un cadeau pour l'homme afin qu'il se reproduise ; mais dès lors que l'homme n'est plus attaché à son créateur, il devient un instrument par lequel le diable engendre sa postérité afin de combattre la postérité de la femme c'est-à-dire l'homme qui est resté attaché à Dieu.

Ceci nous amène à conclure que par l'homme, les enfants proviennent soit de la semence de Dieu, soit de la semence du diable mais dans tous les deux cas, l'homme n'est que le gardien de la semence ; il n'en est pas le propriétaire. Il n'est qu'un simple canal par lequel naissent les soldats du diable ou ceux de la femme (l'église) afin de permettre le déroulement du combat que Dieu avait engagé entre eux après le péché.

Connaissant que l'homme ne peut par lui-même matérialiser ou soit donner vie à sa semence, l'aide de sa partenaire lui est d'un grand secours et le choix de cette dernière fait toute la différence quant au camp dans lequel doit appartenir l'enfant qui naitra. L'homme peut avoir en lui la semence du diable mais grâce à sa partenaire qui la transforme en un équivalent physique, cette semence peut donner naissance à un soldat de Dieu et vice-versa.

Nous arrivons donc à comprendre que le mariage est un acte qui unit deux personnes des sexes opposés afin d'engendrer des soldats. Et les soldats de Dieu ne sont qu'engendrés dans les couples dans lesquels Dieu prend plaisir c'est-à-dire les couples qu'il a lui-même unit d'une manière ou d'une autre. Dans ces couples, le nombre d'enfants, le temps pendant lequel ils viennent au monde et le lieu dans lequel ils naissent est très souvent un accord entre eux et Dieu car il est écrit : ***« Fais de l'Éternel tes délices, tu auras ce que ton cœur désire » Psaumes 37 : 4.*** Nous pouvons comprendre qu'en étant en union avec notre père (Dieu), les désirs que nous éprouvons sont des désirs qu'il met en nous afin que nous les transformions en prière et souhait pour qu'il nous exauce facilement.

« La prière qui a la certitude d'être exaucée, c'est celle qui est inspirée par Dieu lui-même » Pasteur Ivan Castanou

Un chrétien qui a crucifié la chair a en réalité donné le guide de sa vie à Dieu ; donc, les désirs profonds de son cœur sont les désirs que Dieu fait grandir en lui. Par exemple le désir que tu aies d'épouser quelqu'un qui est grand de taille et de teint clair, etc., est tout d'abord un désir que Dieu a placé en toi car il sait quel genre d'enfants vous aurez et à quoi ils vont servir.

Notons que tout le monde n'est pas appelé à se marier et à avoir des enfants mais pour ceux qui sont appelés à cela, sachez qu'il y a pour chaque Adam qu'une seule Eve c'est-à-dire que pour chaque homme, il n'y a qu'une seule femme qui lui convient exactement ; et c'est seulement avec cette femme que peuvent venir les soldats de Dieu. Autrement, toute union d'un homme avec la femme qui n'est pas de sa pointure, donnera naissance aux fruits qui seront exposés au venin du diable.

Il est donc impératif pour chaque humain sur terre de s'identifier d'abord soi-même et de chercher à identifier son ou sa partenaire de vie afin de donner naissance aux hommes qui vont contribués à l'avancement de la société et non pour sa destruction. Est-ce que la femme ou l'homme de la vie existe vraiment ? Bien-sûr que oui ! ***1 Corinthiens 7 :2 « Toutefois, pour éviter l'impudicité, que chacun ait sa femme, et que chaque femme ait son mari ».***

La bible est si clair lorsqu'elle dit qu'avoir sa propre femme évite à l'homme l'impudicité or nous savons tous que le mariage ne garantit pas la sanctification. Étant un acte malséant qui ne prend existence que lorsqu'un homme s'unit à plusieurs femmes mais aussi lorsqu'un homme s'unit à une femme qui peut être aussi sa futur épouse, mais en dehors du mariage, l'impudicité devient un acte d'adultère lorsqu'une personne mariée s'unie à une autre personne que son ou sa partenaire. Puisqu'il en est ainsi, chaque personne connectée à Dieu doit découvrir son compagnon de vie car le mariage est un engagement pour toute la vie comme le dit ***1 Corinthiens 7 :10 « À ceux qui sont mariés, j'ordonne, non pas moi, mais le seigneur, que la femme ne se sépare point de son mari ».***

C'est seulement avec la femme de sa vie qu'on peut vivre loin de l'impudicité ou de l'adultère, mais attention ! Tout ça, ça sera grâce au Saint-Esprit car c'est vraiment trop compliqué d'y parvenir seul.

Dans son film, l'homme a besoin de l'aide du scénariste afin de faire le choix juste et approprié au moment convenable. Ceux qui font les choix de par leur propre volonté, sont souvent exposés à des foyers misérables et malheureux et n'ont plus d'autres choix que de divorcer ou de voir ailleurs. Il n'y a que l'union faite par Dieu qui dure toute la vie et qui s'accompagne de plus des moments de bonheur et de plaisir qui les poussent à demeurer ensemble ; c'est pourquoi Adam est resté ensemble avec Eve pendant toute son existence.

Connaissant ces choses, le diable cherche toujours des voies et moyens afin de pousser l'homme à faire le choix par précipitation ou par mauvaise lecture afin qu'il sorte de leur union, des enfants hors volonté de Dieu pour qu'il profite d'en faire ses soldats. C'est ce qui est arrivé dans le couple d'Abraham et de Sarah. ***Genèse 16 : 3 « Alors Sarah, femme d'Abraham, prit Agar, l'Egyptienne, sa servante, et la donna pour femme à Abraham, son mari, après qu'Abraham eut habité dix années dans le pays ».***

Notons tout d'abord qu'on ne se marie pas pour avoir des enfants mais plutôt pour accomplir une mission précise. Cette mission peut se présenter de plusieurs manières. Pour certains, leur mission est d'abord de servir Dieu en couple comme c'était le cas de Zacharie et Elisabeth ; pour d'autres c'est de prendre soin des enfants d'autrui en les adoptants par exemple. Bref, le mariage est une union qui sert à manifester la gloire de Dieu en contribuant au progrès de l'évangile de Christ et de la science afin d'assurer le bien-être de l'homme.

Dans le mariage, ce ne sont pas les enfants qui font le bonheur mais plutôt l'amour profond entre les partenaires ; les enfants ne sont que la conséquence de cet amour. Il est donc insensé de faire de la stérilité d'un des partenaires un scandale et un moyen pour divorcer malgré qu'il soit vrai que c'est intriguant de ne pas avoir d'enfants alors qu'on en a besoin, mais dès lors qu'on connait le pourquoi d'avoir les enfants, notre conception vis-à-vis de la stérilité change radicalement.

Dans un couple, le père qui est le porteur de la semence a pour mission de veiller à ce que par lui, les enfants qui naîtront soient des soldats de Dieu. C'est pourquoi il a la responsabilité de prier Dieu avant de s'engager à une femme et vice-versa. Un couple qui connait ces choses se sent obligé de dédier à chaque fois, l'enfant qu'ils auront à Dieu afin qu'il s'en serve.

Anne était en train de chercher un enfant afin d'essuyer les moqueries de Peninna, sa rivale. ***1 Samuel 1 : 6 « Sa rivale lui prodiguait les mortifications, pour la porter à s'irriter de ce que l'Éternel l'avait rendue stérile ».*** Bien qu'elle priait avec d'abondantes larmes pour que Dieu lui donne un enfant, Dieu la gardait toujours stérile jusqu'à ce qu'elle change sa prière car Dieu ne cherchait pas un simple enfant mais plutôt un prophète. ***« Elle fit un vœu en disant : Éternel des armées ! Si tu daignes regarder l'affliction de ta servante, si tu te souviens de moi et n'oublies point ta servante, et si tu donnes à ta servante un enfant mâle, je le consacrerai à l'Éternel pour tous les jours de sa vie, et le rasoir ne passera point sur sa tête ». 1 Samuel 1 :11***

Il a fallu qu'Anne soit disposée à permettre à Dieu d'envoyer un enfant sur terre pour qu'il soit un prophète. Dieu savait que Peninna la mortifiait mais ne la secourrait pas tant que son désir d'enfant n'était pas en accord avec le sien.

Elisabeth et Zacharie ont aussi vécu la même histoire car Dieu avait volontairement rendu Elisabeth stérile. Elle désirait depuis lors avoir un enfant mais elle ne pouvait l'avoir car le temps n'était pas encore arrivé. ***Luc 1 :6-7 « Tous deux étaient justes devant Dieu, observant d'une manière irréprochable tous les commandements et toutes les ordonnances du seigneur. 7. Ils n'avaient point d'enfants, parce qu'Elisabeth était stérile : et ils étaient l'un et l'autre avancés en âge ».*** Dieu se plaisait de les voir tous deux le servir dans ces conditions-là jusqu'au moment importun. Ils sont restés ensemble et avec amour, servant Dieu de tout leur cœur pendant tout ce temps malgré le manque d'enfant car leur couple était la volonté parfaite de Dieu.

Elisabeth ne pouvait enfanter car dans le calcul de Dieu, il fallait que Marie soit un peu plus mature afin de concevoir Jésus six mois après la naissance de Jean-Baptiste. Autrement, Dieu ne voulait pas qu'un simple enfant pour ce couple, mais plutôt « une voix » qui annoncerait le Christ ; c'est pourquoi il avait volontairement bloqué le système de procréation d'Elisabeth.

Rebecca aussi était stérile mais elle n'a enfanté que lorsque son époux Isaac a prié pour elle afin qu'elle conçoive. ***Genèse 25 :21 « Isaac implora l'Éternel pour sa femme, car elle était stérile, et l'Éternel l'exauça :***

Rebecca devint en ceinte ». Isaac désirait aussi des enfants mais tant qu'il ne les demandait pas à Dieu, ils ne pouvaient venir. Sa prière voulait signifier qu'ils étaient tous deux désormais disponibles afin d'héberger les soldats de Dieu. C'est pourquoi lors de sa grossesse, Rebecca alla consulter Dieu pour savoir le rôle des enfants qu'elle portait. ***Genèse 25 :22-23 « Elle alla consulter l'Éternel. 23. Et l'Éternel lui dit : deux nations sont dans ton ventre, et deux peuples se séparerons au sortir de tes entrailles ; un de ces peuples sera plus fort que l'autre, et le plus grand sera assujetti au plus petit ».***

Alors que le couple pensait avoir des simples enfants, Dieu pensait envoyer au monde deux nations. Sage qu'ils étaient, ils ont découvert la volonté de Dieu bien avant.

Le diable pour envoyer ses soldats, il empêche premièrement à l'homme de penser que la femme de la vie existe raison pour laquelle plusieurs jusqu'à présent n'y croient pas ; deuxièmement, il empêche l'homme de connaitre cette vérité plus tôt afin de le pousser à commettre l'irréparable ; troisièmement, il empêche l'homme à se référer à Dieu avant de faire un bon choix raison pour laquelle plusieurs tâtonnent, se retrouvent malheureux et divorcent plus tard à cause d'un manque de confiance en Dieu ; quatrièmement, il empêche à l'homme de croire que les enfants ne sont pas des trophées du mariage mais plutôt des soldats qui viennent de Dieu raison pour laquelle plusieurs font des enfants çà et là par le simple plaisir de se reproduire.

Par la mauvaise influence du diable comme dans le jardin d'Eden, Sarah poussa Abraham à douter de la promesse de Dieu en le convainquant d'aller chercher une progéniture avec une femme qui n'était pas la femme de sa vie. Ils ont bel et bien eu un enfant mais ce n'était pas dans la volonté parfaite de Dieu ; c'est pourquoi il a fallu qu'ils s'en séparent afin qu'Isaac hérite seul. ***Genèse 21 : 9 :10 « Sara vit rire le fils qu'Agar, l'Egyptienne, avait enfanté à Abraham ; et elle dit à Abraham : chasse cette servante et son fils, car le fils de cette servante n'héritera pas avec mon fils, avec Isaac. 11. Cette parole déplut fort aux yeux d'Abraham, à cause de son fils. 12. Mais Dieu dit à Abraham : que cela ne déplaise pas à tes yeux, à cause de l'enfant et de ta servante. Accorde à Sara tout ce qu'elle demandera ; car c'est d'Isaac que sortira une postérité qui te sera propre».***

Ce texte nous enseigne primo que la polygamie n'est pas de Dieu mais du diable. C'est un moyen par lequel ce dernier empêche les fils de la promesse d'hériter de leurs promesses ; secundo que le mariage est un champ dans lequel Dieu plante le blé afin de servir à la nutrition des humains mais dans le même champ, le diable cherche aussi à planter l'ivraie afin d'étouffer le blé.

Genèse 29 :18 « Jacob aimait Rachel, et il dit : je te servirai sept ans pour Rachel, ta fille cadette ». Il est clair que pour Jacob, la femme de sa vie était Rachel mais pour embrouiller le plan de Dieu, le diable poussa Jacob à l'erreur par le biais de Laban, son beau-père. Lui qui ne désirait qu'une seule femme, il se retrouva polygame.

Malgré que ce soit Dieu qui nous ait autorisés de nous multiplier et de remplir la terre, nous devons reconnaitre que c'est lui seul qui est censé contrôler la naissance des enfants. Notons que lorsque Dieu dans Genèse 1 :28 permet à l'homme de se multiplier et de remplir la terre, il n'était pas en train de parler à l'homme déchu mais à l'homme débout dans sa présence. Il était en réalité en train de désirer à ce que les chrétiens se multiplient et qu'ils remplissent la terre jusqu'à la dominer et l'assujettir totalement. Il n'a pas demandé à tout le monde de se multiplier parce qu'il ne se plait pas à voir les païens devenir de plus en plus nombreux. C'est à cause de la multiplication de ceux-ci que Dieu avait envoyé le déluge au temps de Noé. Et c'est encore à cause d'eux qu'il tuera ce monde un jour.

Genèse 6 : 5-7 « L'Éternel vit que la méchanceté des hommes était grande sur la terre et que toutes les pensées de leur cœur se portaient chaque jour uniquement vers le mal. 6. L'Éternel se repentit d'avoir fait l'homme sur la terre, et il fut affligé en son cœur. 7. Et l'Éternel dit : j'exterminerai de la face de la terre l'homme que j'ai créé, depuis l'homme jusqu'au bétail, aux reptiles, et aux oiseaux du ciel ; car je me repens de les avoir faits ».

Nous voyons donc qu'à cause du mal, Dieu avait éliminé l'homme or, nous savons que ce sont les païens et les chrétiens charnels qui commettent régulièrement le mal devant Dieu. Le verset 8 de ce même texte dit que Noé trouva grâce parce qu'il était intègre devant Dieu ; par conséquent, Dieu a préservé sa postérité afin qu'elle se multiplie.

Dieu n'envoie pas des pièces de trop dans le puzzle de la vie. Il n'envoie pas non plus de mauvaises personnes qui détruisent le bonheur des autres mais seulement de bonnes. Il sait les reconnaitre même au milieu de l'ivraie raison pour laquelle il dit dans ***Jean 10:14 : « je connais mes brebis, et elles me connaissent ».***

Personnellement, je suis convaincu que la vie est un jeu de dame qui est joué entre Dieu et Satan ; par conséquent, les humains sont des pions. Étant un bon joueur, Dieu ne déplace pas ses pions c'est-à-dire ses enfants de la même manière que le fait Satan. Ce dernier déplace ses pions rapidement et en masse en vue de bloquer ceux de Dieu car il sait qu'il a peu de temps ; c'est pourquoi nous remarquons qu'il fait tout pour occuper tous les secteurs de la société afin d'exercer la coercition sur les enfants de Dieu. Comment donc reconnaitre ou soit différencier les pions du diable de ceux de Dieu ? Sachez que partout que vous soyez, si vous faites face à une personne qui détruit l'humanité et l'éternité de son prochain, ce qu'il est un agent du diable. C'est si simple que ça. Donc si quelqu'un fait en sorte que l'humanité et l'éternité de son prochain soit agréable, il est de Dieu.

Pensez-vous que tous ces musiciens qui font de la musique profane, activant aux gens les désirs sexuels, de vengeance, de meurtre et autres, sont inspirés par Dieu ? Loin de là ! ***« Cette sagesse ne vient pas d'en haut ; mais elle est terrestre, charnelle, diabolique » Jacques 3 : 15.*** Pensez-vous que tous ces criminels notoires, ces tueurs en séries sont des enfants qui proviennent de Dieu ? Vous croyez que l'intelligence de fabriquer de la cigarette ou de la drogue provient de Dieu ? Loin de là ! Ce sont des stratégies du diable afin de combattre l'église du seigneur. ***Esaïe 54 :16 « Voici, j'ai créé l'ouvrier qui souffle le charbon au feu, et qui fabrique une arme par son travail... ».*** Dieu nous dit ici que c'est lui qui a créé le diable et celui-ci fabrique des armes pour son travail. C'est quoi donc son travail ? ***Jean 10 :10*** nous le révèle : ***« Le voleur (Satan) ne vient que pour dérober, égorger et détruire ; ... ».*** Il vient pour dérober notre grâce, égorger les fruits de nos entrailles puis détruire notre bonheur présent et futur.

Cependant, il peut se retrouver aussi de la méchanceté dans le chef d'un enfant envoyé par Dieu comme c'est arrivé à Caïn. ***Genèse 4 : 6-7 « Et l'Éternel dit à Caïn : Pourquoi est-tu irrité, et pourquoi ton visage est-il abattu ? 7. Certainement, si tu agis bien, tu relèveras ton visage, et si tu agis mal, le péché se couche à la porte, et ses désirs se portent vers toi : mais toi, domine sur lui ».*** Ce texte laisse à croire que Caïn était un enfant né par la volonté parfaite de Dieu parce que Dieu lui parlait seul à seul comme le Saint-Esprit le fait avec nous actuellement.

Étant humain et déjà pécheur, la jalousie était normal en lui car c'est une œuvre de la chair mais pour la dominer, Dieu lui demanda d'agir en bien c'est-à dire de se concentrer sur l'amour au lieu de jalouser son frère. À l'ère actuelle, nous arrivons à dominer la chair par la prière qui est en fait un moyen que Dieu utilise pour nous revêtir de Jésus. Pour mieux le comprendre, je vous recommande mon ouvrage intitulé le secret d'une prière exaucée. Nous comprenons donc que les deux frères avaient un niveau spirituel très différent ; Caïn était moins mature que son frère, c'est pourquoi le diable avait profité pour le posséder.

L'ennemi n'est pas donc seulement celui qui ne nait pas selon la volonté de Dieu, mais aussi tout frère selon la volonté de Dieu mais n'ayant pas la vie de Jésus en lui car seule Jésus domine les œuvres de la chair afin que nous vivions pour le bonheur de l'humanité. C'est ce qu'a vécu l'apôtre Paul avant de se convertir. Quoi qu'il soit soldat de Dieu, il était un instrument du diable jusqu'à ce que Jésus seul le remette sur le rail. Donc, un homme ayant totalement Jésus ne peut pas être dominé par les œuvres de la chair comme cela est arrivé à ces deux exemples.

Si le diable fabrique des armes, c'est tout simplement pour détruire la vie des hommes sur terre mais aussi leur éternité. Il a par exemple amplifié l'homosexualité dans la société de sorte que même dans les basses fonctions, les hommes se livrent à des choses contre-nature, empruntant ainsi le chemin direct de la perdition. Il a inspiré le vol et la corruption afin de souiller tout le monde. C'est pourquoi cela devient compliqué pour les chrétiens de se pavaner dans les domaines professionnels.

Bien que ce ne soit pas la volonté parfaite de Dieu, mais Jésus l'a prédit dans ***Luc 18:8 : « … Mais, quand le Fils de l'homme viendra, trouvera-t-il la foi sur la terre ?*** Vu le système du monde actuel, la foi en la droiture a presque disparue ; les gens ne pensent plus qu'un chrétien peut faire de la politique, qu'il peut gagner proprement son argent, etc. car la société est maintenant considérée comme un monde des ténèbres.

Ce n'est pas la faute de Dieu ou encore la volonté parfaite de Dieu que le monde soit assujettit par le diable. Ce dernier est appelé le prince de ce monde parce qu'en tant que fils de Dieu par création, il a hérité de la terre pendant la période où Christ n'était pas encore manifesté en chair et en os. ***Luc 4 :5-6 « Le diable, l'ayant élevé, lui montra en un instant tous les royaumes de la terre, et lui dit : je te donnerai toute cette puissance, et la gloire de ces royaumes ; car elle m'a été donnée, et je la donne à qui je veux ».***

Comme le dit ce texte, si la terre et ses gloires ont été données au diable, qui les lui a données si ce n'est pas le créateur lui-même ? Sachons que le diable ne peut citer le nom de Dieu encore moins de Jésus dans sa bouche car cela se transformera en un feu qui va le consumer, c'est pourquoi il remplace ce nom par un pronom personnel. Ce nom est une arme pour les chrétiens afin de détruire les œuvres des ténèbres.

La bible dit dans ***Apocalypse 12 :12 : « Réjouissez-vous, cieux, et vous qui habitez dans les cieux. Malheur à la terre et à la mère ! Car le diable est descendu vers vous, animé d'une grande colère sachant qu'il a peu de temps ».*** Ce texte maudit la terre et bénit les cieux tout simplement parce que Jésus n'était pas encore venu sur la terre mais qu'il était encore au ciel ; c'est pourquoi le diable pouvait dominer tout le monde et toutes choses parce que l'homme n'est qu'une masse de terre périssable sans la présence du souffle de Jésus qui lui donne la supériorité. Dès lors que Jésus est né, le langage des anges messagers a changé. ***Luc 2 : 14 « Gloire à Dieu dans les lieux très hauts, et paix sur la terre parmi les hommes qu'il agrée ! »***

Si donc la terre était malheureuse à cause de la venue du diable, elle est désormais heureuse et en paix à cause de la venue de Jésus-Christ. Sachant que la terre est amalgamée, la paix de Jésus n'a d'effets que sur ceux qui appartiennent à Dieu et le malheur de Satan a d'effets sur tous ceux qui sont hors Jésus c'est-à dire sur tous ceux qui ne croient pas en lui. Tous ceux qui sont hors Jésus sont en réalité des esclaves de Satan car il exerce la coercition sur eux. Il n'y a de liberté qu'en Jésus-Christ ; ce n'est qu'en Jésus qu'on peut faire du bien à son prochain, qu'on peut posséder tout le bonheur de la terre sans passer par la fraude, la corruption, et le vol.

Si tu ne croyais pas en lui jusqu'à présent, voilà l'occasion t'est donnée de faire désormais partie de ceux qui sont libres de vivre une vie heureuse et accomplie pour la gloire du Dieu créateur. Tu vas simplement répéter ces paroles après moi ; cela sera un signe d'engagement de ta part et le Saint-Esprit viendra en toi illico afin de t'aider à demeurer ferme et à grandir au jour le jour : ***Seigneur Jésus, j'ai écouté ta parole et j'ai compris que le diable me trompait. Dès maintenant, je t'accepte comme le maitre suprême de ma vie afin que je vive dans la liberté. Remplis-moi de ton Esprit-Saint pour que je fasse ta volonté pendant le restant de mes jours sur terre. Amen !***

Pour tous ceux qui appartiennent à Jésus, sachez que vous ne vivez plus sur la terre dominée par le diable parce que Jésus a déjà récupéré le règne de la terre. ***Apocalypse 11 : 15 « Le septième ange sonna de la trompette. Et il y'eut dans le ciel de fortes voix qui disaient : le royaume du monde est remis à notre seigneur et à son Christ ; et il régnera aux siècles des siècles ».*** Nous sommes tous sous le même soleil mais pas sous la même autorité ; et nous ne subissons pas les mêmes maux.

Alors, si seulement chaque chrétien pouvait répandre cette bonne nouvelle régulièrement et par amour, nous dominerons ce monde et nous ferons promouvoir l'évangile de Jésus afin que tout le monde croie en lui. Mais malheureusement, Jésus, voyant déjà la tendance des humains à s'attacher aux choses du monde, il s'est alors demandé si la foi en Dieu continuera toujours lorsqu'il reviendra.

En tant qu'amoureux de sa créature, Dieu envoie ses enfants pour détruire les œuvres des ténèbres afin de sauver la vie de ceux qui doivent être sauvés. Nombre d'enfants de Dieu ont été capturés par le piège du diable et pour les sauver, Dieu mandate un autre oint, le fait gravir des échelons jusqu'au niveau de cet homme perdu. Ainsi, même si le diable détruit le système du fonctionnement de la société, les estafettes de Dieu intégreront toujours la société afin d'accomplir leur mission.

Un chrétien n'est pas engagé dans une quelconque société juste pour gagner sa vie ; il est là pour sauver une âme de Dieu. Il n'atteint pas les hautes fonctions pour lui-même mais c'est pour délivrer les enfants de Dieu qui sont sous l'emprise de l'ennemi. Je n'écris pas ce livre juste par plaisir mais c'est pour gagner une âme perdu dans un coin perdu du monde. C'est donc en accomplissant sa mission que le chrétien trouve sa richesse.

Esther n'est pas parvenue à la royauté par un hasard, ni parce qu'elle était la plus belle de toutes mais c'était pour délivrer le peuple juif qui était sous la menace d'Haman, soldat du diable. ***Esther 4 :14 « ... Et qui sait si ce n'est pas pour un temps comme celui-ci que tu es parvenue à la royauté ? ».***

Sachez qu'en tant que chrétien, nous ne devons pas envier les païens qui gravissent les échelons rapidement et de manière malhonnête parfois car Dieu ne nous déplace pas de la même manière. Si tu es appelé à atteindre un quelconque grade, même quand ce grade est occupé, quelqu'un démissionnera comme Vasthi l'a fait afin de permettre à Esther d'être reine.

« N'aie pas peur de ton lendemain car t'es un pion dans le camp de Dieu » Well Mpoyi

2

UN COMBATTANT

Si Dieu n'était pas un combattant, l'homme qu'il a créé et qui a été corrompu, ne serait pas sauvé. Même si c'est par méconnaissance de la vérité et d'une imprudence quelconque ou encore par manque de patience que tu as eu des enfants hors volonté de Dieu, il y a encore un moyen de les sauver.

Le chrétien est comme un sexe masculin au milieu de plusieurs femmes ; pour les localiser, on ne dira jamais elles sont là-bas mais plutôt, ils sont là-bas parce que le masculin domine toujours. Donc, à cause de la présence de génotype d'un chrétien, un enfant issu d'une union hors volonté de Dieu peut aussi être sauvé.

Si le combat existe, il y a aussi moyen de le remporter. Notons que parmi les combats, il y a ceux qui sont cruciaux c'est-à-dire les combats qui permettent à l'homme d'éviter d'autres combats dans le futur, ce qu'on appelle des combats secondaires que l'homme se crée lui-même par manque de lecture vigilante. Parmi les combats notoires de l'homme, les cruciaux sont : le choix de la foi, de la carrière professionnelle et le choix du conjoint ou de la conjointe. Sujets qui seront traités au dernier chapitre, mais aussi qui feront objets de mon blog, d'ici peu. Ces trois combats sont ceux qui déterminent la qualité de vie d'un individu pendant son pèlerinage sur terre car il détient l'autonomie quant à la forme qu'il veut donner à sa vie.

Dans la vie humaine, il y a certains combats qui nous sont imposés ; ce sont donc des données que nous avons rencontrées et nous sommes obligés de faire avec. Par exemple, un nouveau-né ne choisit pas ses parents, ni ses frères, ni son environnement ; il est contraint de les accepter tant qu'il n'a pas encore la maturité c'est-à dire la capacité de les influencer. Ces conditions de vie sont pour lui une victoire ou un défi à relever dépendamment des choix de la foi, de la carrière professionnelle et du conjoint qu'avaient fait ses parents.

C'est donc la qualité de ces choix des parents qui détermine les combats primaires de l'enfant qui nait. Un enfant qui nait d'un couple chrétien ancré comme Jean-Baptiste, a déjà d'office vaincu le combat de la foi car il commence par craindre Dieu dès Son enfance ; mais dans le cas où l'enfant nait d'une union des chrétiens non ancrés comme Jacob, le mensonge commence dès le bas-âge.

Un enfant qui nait des parents dont la carrière professionnelle est une totale réussite, le cadre de vie et d'éducation sont aussi pour lui une réussite car l'environnement est la principale chose qui pétrit le mental d'un enfant et qui plus tard va conditionner ses choix. Donc le bon choix de la carrière professionnelle d'un parent, est une victoire sur le combat de l'environnement pour ses enfants. Pour les parents qui n'ont pas réussi leur carrière professionnelle, leurs enfants font face au combat primaire de leur vie à cause du niveau de vie offert.

Pour ce faire, il n'est jamais trop tard. Même à un âge avancé, un père qui a compris qu'il est un combattant, peut se repositionner et remporter une victoire sur un combat crucial afin de permettre à ses enfants de remporter à la fois leurs combats cruciaux et secondaires dans la totalité. En tant que père et porteur de semence, le plus grand combat qui doit être mené et vaincu très tôt, c'est le combat de la foi. Tout père doit lutter afin d'instruire ses enfants dans la vérité de la vie : celle de connaitre et de servir Jésus durant toute leur vie sur terre.

Étant un bon exemple de père, Dieu lutte pour que nous ses enfants puissions connaitre Jésus et puissions le servir. C'est cela la priorité. À l'intention de tous les pères du monde, si vous n'avez pas appris à vos enfants que Jésus est le seul vrai seigneur et sauveur du monde à cause d'une quelconque raison, peut-être parce que vous ne le croyez pas vous-même, peut-être parce que vous ne le savez pas mais prenez la décision dès maintenant de leur dire que la bible est le seul livre qui détient la vérité universelle et unique pour le salut de l'homme.

S'ils ont des croyances diverses, décidez et luttez pour les unir tous en la foi en Jésus-Christ comme lui-même l'a fait. ***Jean 10 :16 « J'ai encore d'autres brebis, qui ne sont pas de cette bergerie ; celles-là, il faut que je les amène ; elles entendront ma voix, et il y aura un seul troupeau, un seul berger »***. C'est impératif de le faire car vous serez côtés en fonction du soin que vous avez pris des enfants qui étaient sous votre charge. Rappelez-vous que les enfants ne vous appartiennent pas mais à Dieu ; vous n'êtes que les canaux par lesquels ils sont venus

Connaissant ces choses, à la fin de sa mission Jésus a dit : ***« je n'ai perdu aucun de tous ceux que tu m'as donnés » Jean 18 :9b.*** Est-ce que si le jugement survenait à l'heure même, diriez-vous aussi que vous n'avez rien perdu ? Pensez-y.

Si vous avez perdu le contrôle de vos enfants, ne leur imposez pas la foi chrétienne mais enseignez-leur avec amour, attirez-les à Jésus par votre manière de vous conduire vis-à-vis d'eux. N'oubliez pas de prier pour eux régulièrement afin que le seigneur Jésus les sauve de la manière qui lui plaira car ce n'est ni par la force, ni par la puissance de l'homme mais c'est par le Saint-Esprit qu'un homme peut se convertir. Soyez patient et demeurez dans la foi car Jésus les sauvera.

Une fois que le combat de la foi en Jésus est gagné, le reste de combat ne demandera pas assez d'efforts car vous ne combattrez plus vous-même mais vous avez un partenaire de combat : Jésus-Christ. ***Exode 14 :14 « l'Éternel combattra pour vous ; et vous garderez silence ».*** Quand vous avez Jésus pour allier, vous êtes certain de remporter le combat du choix de votre carrière professionnelle mais aussi celui de vos enfants, sans oublier le combat sur le choix du partenaire idéal.

Un père chrétien manifeste automatiquement de la perspicacité car la foi en Jésus lui ouvre les yeux afin d'orienter sa vie mais aussi celle de ses enfants. Nous ne sommes pas tous sur la terre pour jouer le même rôle. Tout enfant de Dieu est sur terre pour une même finalité mais nous n'empruntons pas tous le même chemin. Notre finalité est de servir l'humanité afin de sauver l'éternité d'un individu ou d'un groupe d'individus. Nous sommes tous serviteurs de Dieu mais dans différents domaines.

Ainsi, Dieu nous programme dans l'éternité avant de nous manifester dans l'humanité selon un timing précis. Il met en nous des chemins tout tracés sur lesquels nous devons marcher ; il dépose en nous des talents uniques avec lesquels nous devons accomplir notre mission. Ces talents sont en fait des outils que nous devons développer et mettre au service de notre prochain.

Dieu nous donne des talents dès notre naissance ; et, grâce à la perspicacité de nos parents, nous les découvrons et nous les mettons au profit de notre entourage. La mentalité africaine est l'une des mentalités qui enterre les talents des enfants parce que nous avons été conditionnés par un style de vie que nos colons nous ont apporté. On nous a appris à ce temps-là que nous devons tous passer sur le banc de l'école afin d'être utile à la société et de gagner sa vie ; ainsi, tout parent ne pense qu'envoyer son enfant à l'école comme tout le monde même quand son enfant a un talent de footballeur ou de mieux pratiquer un quelconque sport. Nous avons oublié que la société évolue et elle éprouve d'autres besoins ; le système qui était bon hier ne l'est pas nécessairement aujourd'hui. Nous avons chacun une mission particulière et cela nous sépare automatiquement les chemins à emprunter.

Si donc les parents ne savent pas voir précisément les talents de leurs enfants afin de les orienter, ils sont en réalité en train de gâcher leurs carrières professionnelles. Un père doit se mettre en tête que le devoir d'orienter la carrière professionnelle de ses enfants lui revient et il sera jugé pour cela aussi. Il faut surtout pour les parents africains sortir de la masse de pensées que la société a tracée. Il nous faut adopter le style des pensées occidentales qui préconise que chaque domaine de la vie cache en lui une richesse et qui peut être exploitée par quiconque y est appelé.

Nous ne sommes pas tous appelés à faire l'université pour ensuite être quémandeur d'emploi. Plusieurs ne trouvent pas satisfaction dans leurs emplois parce qu'en réalité, leur dharma c'est autre chose. Sans le savoir, la société fait de la plupart des enfants, des personnes qui courent après l'argent au lieu d'être ceux qui aident la société à progresser pour l'honneur de Jésus. Le dharma est le travail pour lequel un individu est prêt à mourir ; c'est la passion qu'éprouve la personne vis-à-vis de son travail. C'est en fait le service qu'on est prêt à faire même si l'on ne nous payait pas. C'est le travail qui nous fait perdre la notion du temps ; c'est quelque chose qu'on peut exercer pendant autant d'heures sans être fatigué ni murmurer ou se plaindre.

Personnellement, je suis un diplômé en Sciences Economiques mais mon dharma c'est la rédaction. Cette dernière est ma passion ; c'est la première chose que je fais le mieux au monde ; c'est le premier travail que je fais avec plus de joie et sans tenir compte du temps qui passe. Je peux passer toute une journée en train d'écrire, oubliant même que je dois me laver ou manger. Même si mes parents s'attendent à ce que je sois un salarié dans une banque de la place ou dans une quelconque entreprise, je rends grâce à Dieu du fait que j'aie compris très tôt que je pourrais étouffer ce talent si je suivais le conseil de mon entourage.

Je ne dis pas non plus que j'ai passé inutilement mon temps à l'université en étudiant l'économie parce que le Dieu qui m'y a conduit ne commet jamais d'erreur. Ma connaissance en économie me servira très bientôt car je suis convaincu que d'ici peu, je dois monter plusieurs entreprises mais pour l'instant, Dieu me demande d'abord ma barque afin qu'il s'en serve pour prêcher l'évangile.

Luc 5 :2 « il vit au bord du lac deux barques, d'où les pécheurs étaient descendus pour laver leurs filets. 3. Il monta dans l'une de ces barques, qui était à Simon, et il le pria de s'éloigner un peu de terre. Puis il s'assit, et de là, il enseignait la foule. 4. Lorsqu'il eut cessé de parler, il dit à Simon : Avance en pleine eau, et jetez vos filets pour pêcher »

Ce texte nous enseigne que Pierre et ses amis étaient des pêcheurs expérimentés ; c'est comme s'ils avaient étudié pour être des pécheurs ; mais lorsque Jésus les a rencontrés, il leur a demandé d'abord leur barque pour qu'il s'en serve pour prêcher l'évangile, ensuite, il leur a accordé la pêche miraculeuse. Avant que Dieu ne résolve tes problèmes liés à ton domaine de formation, rassure-toi que tu t'es disposé de lui permettre de prêcher et de gagner les âmes au travers de ta vie.

Les parents doivent mener le combat du choix de la carrière professionnelle ensemble avec les enfants dès le début afin de leur permettre de gagner d'avance leur vie. Il suffit juste de regarder ce à quoi les enfants se livrent, leur manière de s'exprimer, leur intelligence, leur point fort, etc. C'est plus simple que ça.

Un père mène aussi le combat du choix du conjoint ou de la conjointe car si celui-ci est mal fait, la carrière professionnelle ne pourra être bien exercée parce que le conjoint ou la conjointe est le partenaire de vie avec qui on accompli notre dharma. Pour le choix du conjoint, le père qui connait bien son enfant a de quoi lui dire afin de décrire la personne qu'il lui faut. Le choix du conjoint ne peut être imposé non plus comme les autres choix précédents car chacun a ses sentiments propres. Ce qui peut être bien pour le père ne l'est pas nécessairement pour l'enfant parce que le père peut aussi se tromper alors, il ne peut imposer à son enfant le choix.

Compte tenu du fait que nous n'avons qu'un seul bon choix dans la vie, le choix du partenaire idéal doit être fait en toute prudence. En tant que futur père, le nubile doit être très exigent quant à ses critères de sélection. C'est un grand combat plus qu'on ne le pense car le diable sait que si le choix est mal fait, il va profiter de la situation pour envoyer ses soldats sur terre.

Psaumes 84 :5 « Heureux ceux qui placent en toi leur appuis ! Ils trouvent dans leur cœur des chemins tout tracés ». Au-dedans de chaque chrétien, il y a des chemins soigneusement aménagés sur lesquels nous sommes appelés à passer. Sur ces chemins, il y a des sentiments, émotions et goûts innés grâce auxquels nous arrivons à faire les choix judicieux.

Quel que soit l'environnement dans lequel on a grandi, ou même l'éducation reçu, un homme qui a gagné son combat de la foi en Jésus-Christ, se voit être transformé automatiquement selon le modèle de Dieu. Par conséquent, tout choix pour son épanouissement se fait sous inspiration du Saint-Esprit. Les mauvais goûts qu'il avait par rapport à son environnement disparaissent d'eux même afin de laisser place aux bons goûts de Dieu pour lui. Il devient en fait une nouvelle personne et il se découvre exactement comme Dieu l'avait prédestiné en Jésus. C'est en fait une métamorphose car la nature pécheresse a été changée en nature sainte.

Les ténèbres qui couvraient les yeux de son cœur se changent en lumière afin qu'il accomplisse la volonté de Dieu ; ainsi, il développe un nouveau caractère afin d'être la personne qu'il faut. Grâce à son nouveau caractère, l'homme désire alors des choses selon les dessins tracés pour lui. Ses desseins constituent des critères uniques et qui resteront gravés en lui pour toujours. Ce sera une vérité personnelle avec laquelle il vivra tout son temps sur terre. Le non-respect de ces critères le laissera toujours sans paix lorsqu'il lui s'agira de faire un choix quelconque.

« L'homme n'attire pas ce qu'il désire, mais ce qu'il est » James Allen

Et puisqu'une fois qu'on marche sur les chemins tracés de Dieu on devient une nouvelle personne, l'homme attire vers lui les personnes qui corroborent à sa vérité intérieure. Il attire plusieurs personnes mais une seule est vraiment le partenaire idéal ; il lui faut donc suivre le sentiment de son cœur car ce dernier est le seul à connaitre la vraie réponse. D'une manière inexplicable, on arrive à faire le meilleur choix même quand on n'a pas reçu une vision ou un rêve particulier.

Avoir un faible pour quelqu'un ne suffit pas car il faut lutter pour l'avoir. L'une des étapes la plus difficile dans le choix du conjoint, c'est la lutte pour la conquête. Même en étant chrétien, ce n'est pas toujours facile de conquérir le cœur de la personne qu'on croit être le partenaire idéal. La conquête de son partenaire conjugal demande de la patience, la tempérance, les stratégies et de la constance car sans elles, on finit par commettre d'erreurs. Dans l'autre sens, les conquêtes les plus faciles ne sont pas nécessairement les mauvaises. Des fois les unions efficaces se font très facilement ; il vous suffit juste d'être convaincu.

Pour ceux qui ont vaincu ces combats ci-hauts, gloire à Dieu car vous n'avez qu'à attendre l'étape suivante dont nous parlerons au chapitre troisième. Mais pour ceux qui se retrouvent déjà dans l'erreur comme Abraham et Jacob, il y a encore une possibilité d'arranger les choses. Souvenons-nous que lorsque nous nous unissons à un partenaire hors volonté de Dieu, nous sommes disposés à permettre au diable d'envoyer ses soldats ; mais la bonne nouvelle est que : la pureté des mains d'un des partenaires, ou mieux, lorsque l'un des partenaires reconnait son erreur et se repend, il peut supplier Dieu afin de transformer cet enfant en un soldat pour son armée. Alléluia !

Notons que lorsqu'un enfant nait hors volonté de Dieu, il est semblable à un vagabond sur terre car Dieu n'a rien prévu pour lui. Supplier Dieu, c'est en fait lui demander d'improviser un plan pour lui sur terre afin que le diable ne se serve pas de lui. Aussi, dans la matière de gâcher le plan de Dieu sur ses enfants, le diable est très sérieux mais grâce à la multiplicité de plans de Dieu, nous vivons toujours de nouvelles grâces.

Genèse 17 :18-20 : « Et Abraham dit à Dieu : Oh ! Qu'Ismaël vive devant ta face. 19. Dieu dit : certainement Sara, ta femme, t'enfantera un fils ; et tu l'appelleras du nom d'Isaac. J'établirai mon alliance avec lui comme une alliance perpétuelle pour sa postérité après lui. 20. À l'égard d'Ismaël, je t'ai exaucé. Voici, je le bénirai, je le rendrai fécond, et je le multiplierai à l'infini ; il engendra douze princes, et je ferai de lui une grande nation ».

Ce texte nous expose clairement l'improvisation d'un plan pour Ismaël à cause de la prière d'Abraham. Dans son plan, il est si clair que Dieu avait prévu seulement Isaac pour Abraham ; et le plan de Dieu pour Isaac ne dépendait pas de la prière d'Abraham car celui-ci douta même de la promesse jusqu'à ce que Dieu le fortifie.

Isaac était donc un vrai soldat de Dieu depuis l'éternité et il fallait qu'il vienne sur terre même quand le couple n'y croyait pas. Ceci nous enseigne donc que la volonté de Dieu finit toujours par s'accomplir dans notre vie même quand cela nous dépasse. Ce ne sont que des enfants selon la volonté de Dieu qui ont en eux les chemins tout tracés avant même qu'ils naissent. Celui qui nait par la volonté de Dieu, il finit par devenir celui pour quoi Dieu l'avait établi, quel que soit le vent de l'adversité. Mais pour les Ismaël, leur destinée dépend de la relation des parents avec Dieu.

Un Ismaël n'est pas soldat de Dieu ; il provient d'un soldat de Dieu c'est-à-dire Abraham mais il est venu au monde par précipitation. Si donc Abraham ne le consacre pas à Dieu, il finit par être un instrument entre les mains du diable. Nous voyons donc que la relation d'un père avec Dieu est d'une grande importance pour le salut de ses enfants. Entre le père et la mère, l'un ou les deux, doivent supplier Dieu pour le salut des enfants qu'ils estiment hors volonté de Dieu. Je ne parle pas de se lamenter de leur comportement mais de supplier Dieu le plus tôt que possible avant que le diable ne monte en eux des forteresses qui rendront les choses difficiles.

Lorsqu'un enfant hors volonté de Dieu n'est pas consacré plus tôt, il devient le plus vite que possible un instrument du diable pour combattre en premier ses propres membres de famille. Ce n'est que ceux qui sont hors volonté de Dieu qui peuvent demeurer dans les péchés jusqu'à la fin de leur vie. Un soldat de Dieu est plus qu'un Marins Américain ; quel que soit sa blessure, Dieu trouve toujours un moyen de le sauver avant qu'il ne meurt.

Pour récupérer son enfant, Dieu se mobilise lui-même. Nous pouvons tous être frappés par le même fléau mais nous ne tirons pas tous la même leçon. Dieu crée toujours une circonstance pour attirer l'attention de son enfant, même quand celui-ci nait dans la maison de Pharaon comme Moïse.

Lorsqu'il envoya pour la première fois ses disciples, Jésus leur dit : ***« N'allez pas vers les païens, et n'entrez pas dans les villes des samaritains ; Allez plutôt vers les brebis perdues de la maison d'Israël » Matthieu 10 :6-7.*** Jésus nous fait donc comprendre que la mission principale pour laquelle il est venu, c'était pour ramener les âmes de ses soldats vers le Père qui les avaient envoyés mais à cause du jugement dernier, la bonne nouvelle doit être annoncée même aux Ismaël pour qu'ils n'aient pas des raisons ce jour-là.

La volonté du semeur n'est pas de faire tomber la semence le long du chemin, mais c'est de la semer sur une bonne terre. La bonne terre, c'est le peuple que Dieu envoie sur terre car il dit : « mes brebis connaissent ma voix et me suivent ». Ceux qui reçoivent la semence le long du chemin, ce sont des peuples étrangers qui ont du mal à porter les fruits de l'Esprit-Saint car ils n'ont pas cette nature. Mais cependant, ils peuvent être sauvés.

À cause de l'imprudence de certaines personnes, le combat de l'église dévient encore plus intense car les ennemis sont maintenant les plus proches de nous qu'on ne le pense. Nous ne luttons plus seulement pour les brebis perdues d'Israël, mais aussi pour celles qui sont hors volonté de Dieu. Pour ce faire, il faut que l'église se donne à d'énormes sacrifices et supplications envers Dieu. Sans cela, Ismaël est vraiment un candidat pour l'enfer. Il est donc mieux de se marier selon la volonté de Dieu afin d'éviter des combats inutiles qui nous feront manquer la paix pendant notre pèlerinage sur terre.

3

UN REVIVALISTE

Pour arriver à déranger la destinée de l'homme, le premier combat que Satan livre à l'homme c'est celui du sommeil spirituel. Lors du sommeil spirituel, l'homme qui est conscient de Jésus, ne devient conscient que du monde et de ses plaisirs ; par conséquent, il pose toutes sortes d'actes pour vue que cela satisfasse ses désirs.

Pendant ce moment, l'homme est sous l'emprise du diable car les yeux qui lui permettent de voir des choses distinctement afin de peser les conséquences des choix qu'il fait, sont obscurcis. Ce n'est que plus tard qu'il regrette et se lamente des résultats qu'il obtient.

Sarah avait librement autorisé à Abraham de prendre Agar sa servante pour femme mais lorsque l'enfant est venu, elle était aussi la première à demander à ce que cet enfant soit chassé loin de sa maison.

« La plus grande caractéristique du sommeil spirituel, c'est l'impatience ou la précipitation » Well Mpoyi

Le monde des humains est un monde qui est composé des familles sans lesquelles il n y a pas naissance d'hommes. Pour les siens, Dieu a toujours de plans merveilleux qui doivent s'accomplir en leur temps mais pour les détruire, le diable crée en l'homme l'impatience et le manque de maitrise de soi. À cause de sa fidélité, Dieu accomplit toujours son plan d'une certaine manière mais on ne peut en jouir totalement à cause des conséquences de l'impatience que nous avons manifestée autres fois.

Un soldat de Dieu peut naitre dans une famille païenne mais être distingué plus tard à cause de son étoile. Dans un premier temps, l'entourage de ce soldat de Dieu lui empêche de croitre spirituellement et à rester éveiller ; c'est ce qui fait la joie du diable mais gloire soit rendue à Dieu parce que pour sauver son enfant, il lui parle de plusieurs manières afin de l'empêcher à commettre certains actes. C'est cela le rôle d'un revivaliste.

Dieu nous parle par rêves, songes, circonstances, par des proches, etc. Tout ceci dans le but de nous réveiller spirituellement mais malheureusement, plusieurs se réveillent qu'après avoir commis de nombreuses erreurs. C'est pourquoi nous voyons aujourd'hui plusieurs jeunes commettre des avortements, avoir des enfants non désirés, certains connaissent des accidents qui leur coutent la vie, etc.

Abraham a eu un enfant avec Agar l'étrangère, or le terme étranger signifie ici quelqu'un qui est hors plan de Dieu ; c'est quelqu'un avec qui on n'est pas destiné avoir d'enfants. Ceci est valable pour tous les aspects de la vie car c'est possible de s'allier à un ou une étrangère dans les affaires et perdre ainsi tous les bons fruits qui pourraient en résulter ; c'est possible d'avoir une amitié qui pourra nous détruire plus tard, etc.

Notons que les fruits de l'étranger n'ont qu'un seul but principal ; c'est celui de détruire les fruits de la femme de la destinée. En voulant détruire les fruits de la femme de la destinée, c'est aussi à la vie de l'homme c'est-à-dire du père qu'on est en train d'attenter.

Aussi, les fils de l'étranger précèdent très souvent les fils de la femme de la destinée car Ismaël a précédé Isaac, Joseph a été précédé par les fils de Leya et d'autres. Tant que les fils de l'étranger resteront avec ceux de la femme de la destinée, il y aura interférence et étouffement ; c'est pourquoi il a fallu qu'Ismaël se sépare d'Isaac ; et Joseph de ses frères.

Dans la vie courante, la séparation d'avec un lieu précis est aussi souvent un signe de délivrance dans une certaine mesure. ***Genèse 12 : 1-2 « L'Éternel dit à Abraham : va-t'en de ton pays, de ta patrie, et de la maison de ton père, dans le pays que je te montrerai. 2. Je ferai de toi une grande nation, et je te bénirai ; je rendrai ton nom grand et, tu seras une source de bénédiction ».***

Grâce à ce texte, nous arrivons à comprendre que tant qu'Abraham ne se sépare pas de ses frères, sa bénédiction ne vient pas car à l'endroit où il était, il y avait interférence. Par sa compréhension partielle, Abraham a emmené avec lui Lot, l'un de ses frères qu'il estimait bon et qu'il prenait pour compagnon de la destinée ; mais plus tard, il a fallu qu'il s'en sépare aussi afin de permettre à Dieu d'accomplir son plan. ***Genèse 13 :14 « L'Éternel dit à Abraham, après que Lot se fut séparé de lui : Lève les yeux, et, du lieu où tu es, regarde vers le nord et le midi, vers l'orient et l'occident »***

Il est évident que la présence de Lot auprès d'Abraham, empêchait les yeux de ce dernier de voir clair sa destinée. C'est pourquoi quand il est parti, Dieu lui fit voir ce qui l'attendait devant.

Toute personne proche n'est pas nécessairement notre compagnon de vie ; elle peut être bon mais pas utile pour notre avancement ; c'est pourquoi il est important d'être réveillé spirituellement afin de discerner notre entourage car la bible dit dans ***Mathieu 10 : 36 « et l'homme aura pour ennemis les gens de sa maison ».***

En tant que père, le rôle du revivaliste doit être assumé naturellement car il est le gardien de la semence. Il est le motivateur qui doit se rappeler en lui-même et qui doit rappeler à ses enfants que le diable profite toujours du sommeil spirituel afin de déranger le plan de Dieu dans leur vie.

Une fois que les combats cités dans le chapitre précédant ont été vaincus, sachez que le diable n'abandonne jamais la poursuite pour faire tomber un enfant de Dieu ; c'est pourquoi la bible nous demande de veiller et de prier sans cesse. Une moindre distraction de la part du chrétien peut lui couter toute une vie car le diable poursuit même jusqu'à la vieillesse. Tes années d'expérience dans le ministère ne sont pas un moyen d'handicaper le diable car Samson a succombé après vingt ans de victoire.

Pour garder ses enfants en veille, un père a le devoir de les recommander régulièrement d'aller à l'église et de servir Dieu en toute sincérité. Servir Dieu dans une assemblée est un devoir pour tout chrétien en dehors du fait qu'il travaille déjà dans la société. ***Exode 3 :12 « ... Quand tu auras fait sortir d'Egypte le peuple, vous servirez Dieu sur cette montagne ».*** Nous comprenons maintenant que lorsque Dieu libère un homme des maux de ce monde, c'est pour qu'il soit à son service c'est-à-dire aider les autres à être libérés aussi car Dieu passe par les hommes pour sauver les hommes.

Servir Dieu consiste au-delà de servir la société, d'être utile dans son assemblée ou dans son église. Servir Dieu consiste à mettre la main dans la patte de son église afin d'y donner la forme. L'église de Jésus-Christ a besoin des hommes et des femmes qui peuvent contribuer à sa survie. En servant Dieu dans son église, on ne rend pas uniquement service à Dieu mais à nous-mêmes en grande partie car nous sommes ceux pour qui l'église existe.

Le service nous garde en sécurité et il confirme notre intérêt pour l'avancement de l'œuvre de Dieu. Il est une preuve d'amour de l'homme pour Dieu mais si et seulement si on le fait selon les modalités énoncées dans sa parole, car le diable peut pousser les hommes à servir Dieu mais dans le mal afin de les faire passer à côté de la vraie récompense qui y est attachée.

Servir Dieu a plusieurs avantages : premièrement, il nous pousse à toujours se sanctifier afin de ne pas être impropre devant Dieu ; deuxièmement, il nous évite le guet-apens du diable car nous sommes cachés dans la main de Dieu ; troisièmement, il oblige Dieu à nous garder en bonne et due forme afin que nous ayons toujours la force pour le servir comme le dit ***Exode 23 :25 : « Vous servirez l'Éternel, votre Dieu, et il bénira votre pain et vos eaux, et j'éloignerai la maladie du milieu de toi ».*** Non seulement qu'il va éloigner la maladie mais aussi il fera en sorte que nous puissions toujours avoir de quoi subvenir à nos besoins.

La suite de ce passage nous enseigne aussi que Dieu se met à nous protéger jalousement car il sait que nous sommes une cible aux yeux du diable. Donc, servir Dieu nous poussera toujours à être réveiller afin de ne pas donner accès au diable. Un parent qui sert Dieu et qui comprend ces choses, doit toujours encourager ses enfants à le faire aussi car il est écrit dans ***Josué 24 :15b « Moi et ma maison, nous servirons l'Éternel ».*** Servir Dieu en famille est l'une de plus belles options qu'un père puisse opter.

Au-delà de pousser et d'encourager les enfants à participer aux différents cultes de l'église et de servir Dieu dans un quelconque département, un père doit lui-même être un prédicateur pour ses enfants. À l'église, l'homme de Dieu est inspiré de façon à donner réponses aux questions de tout le monde c'est pourquoi il ne peut tout dire de manière très claire à tout le monde car nous n'avons pas tous les mêmes défis. Il peut toucher un point mais peut-être pas en détail ; il peut bénir en tant que père spirituel de tout le monde mais pas comme un père biologique ; il peut écouter tout le monde mais ne donnera peut-être pas le même temps et la même attention à tout le monde ; il peut faire des remontrances en générale mais ne pourra peut-être pas le faire en détail pour tout un chacun ; c'est pourquoi un père prudent complète toujours le service du pasteur ou vice-versa.

La bénédiction du père spirituel n'a pas le même impact que celle du père biologique car si tel était le cas, nous ne chercherions pas à donner joie aux cœurs de nos parents biologiques au profit des parents spirituels. Un père spirituel peut nous bénir mais si notre père biologique ne nous bénit pas pour de bonnes causes d'une manière ou d'une autre, celle du père spirituel ne nous touchera pas. La bénédiction d'un père spirituel ne vient que pour exacerber celle du père biologique. Il en est de même pour le réveil spirituel ; les enseignements d'un père spirituel ne sont censés qu'appuyer ceux du père biologique.

Puisqu'un père est un combattant à vie, il ne doit jamais se fatiguer de réveiller ses enfants. Si ce n'était pas le cas, Dieu se fatiguerait de nous rappeler ses vertus. Il est un père responsable, c'est pourquoi il n'a jamais abandonné et puisque tel il est, tel nous sommes, un père est censé toujours faire des remontrances à ses enfants quand il y a des choses qui ne sont pas bien faites, mais aussi encourager quand certaines sont bien faites.

Même quand les enfants deviennent déjà des parents aussi, un père a toujours le devoir de réveiller les siens pendant qu'il est vivant car si Dieu nous garde en vie sur terre, c'est aussi pour que nous rappelions toujours ses vertus à notre postérité. Pour ce faire, il lui faut développer de multiples stratégies afin de garder cette habitude pour toujours.

Parmi ces stratégies, nous avons premièrement les cultes familiaux. Ces cultes ont souvent été très combattus par le diable d'une manière ou d'une autre car il sait très bien la puissance qui est y cachée. Les cultes de famille fait de manière sincère permettent aux membres de famille d'avoir une même dimension de l'esprit, et d'être tous éveiller ; ils permettent de conserver un niveau d'amour élevé, ils permettent de garder l'humilité et enfin, ils font en sorte qu'il n'ait pas des portes par lesquelles le diable peut entrer pour déstabiliser la famille. Deuxièmement, nous avons des rencontres de famille ou des retrouvailles, ou encore des réunions de famille. Celles-ci sont en réalité que des remplaçants des cultes de famille car lorsque les enfants grandissent, ils sont appelés à aller fonder leur propre famille. De ce fait, il faut organiser des choses pareilles de temps en temps. Ça peut être pendant les fêtes de Noel, de pâque ou que sais-je encore, simplement dans le but de garder la famille en l'unité.

Connaissant ces choses, tout père peut maintenant s'auto évaluer, et se mettre en ordre avec Dieu en attendant le jour de son jugement dernier. Puisse le seigneur vous aider à faire sa volonté.

4

LE CHOIX

Parler des combats cruciaux de l'homme sans en donner leur importance, c'est comme présenter à quelqu'un un nouveau repas sans montrer comment le manger. Nous avons certifié que le choix de l'homme dans les domaines de la foi, de la carrière professionnelle et de sa conjointe sont le catalyseur de sa mission sur terre c'est-à dire grâce au choix qu'il fait, il se positionne soit dans le camp du destructeur(Satan), soit dans celui du réparateur(Dieu). Alors, comment faire le bon choix ?

Avant d'aller plus loin, commençons d'abord par expliciter le pourquoi de ces trois choses. Après observation de la vie, je suis parvenu à voir que ces trois choses sont incessamment en interaction. Elles sont inhérentes et nécessitent un traitement particulier de peur d'être sanctionner automatiquement. Notre foi influence nos croyances, et celles-ci influencent le reste de nos choix.

Rappelons-nous que le but du destructeur, c'est de non seulement gâcher l'humanité de quelqu'un mais aussi son éternité. Toutes ces deux dimensions de la vie sont importantes mais pas dans la même mesure car la vie de l'homme sur terre est semblable aux neuf mois d'un bébé dans le ventre de sa mère, alors que son éternité est comme en moyenne, les quatre-vingts ans d'existence qu'il passe sous le soleil. Donc, l'éternité de l'homme est mille fois plus importante que son humanité sous le soleil.

Si dans le ventre de sa mère le bébé ne sait pas choisir l'endroit où il doit vivre, c'est parce qu'il n'a pas encore de conscience. C'est différent de l'homme sur la terre qui, à un certain âge, sait distinguer le bien et mal. Donc, il a le choix de passer son éternité soit dans le paradis, soit en enfer.

Nous comprenons que tout commence par la connaissance de cette ultime vérité. Si vous êtes de ceux qui ne croient pas à la vie après la mort, ou si vous êtes de ceux qui croient en la réincarnation, c'est déjà compliqué pour que vous preniez vos responsabilités en mains car vous êtes déjà hors trajectoire. Pour ceux qui croient à la vie après la mort, le pari n'est pas encore gagné car il vous reste de croire en l'existence de l'enfer et du paradis. C'est cela le facteur de nos motivations pendant notre pèlerinage sur terre. C'est quoi l'enfer, et c'est quoi le paradis, dis-tu ?

En quelques mots, étant des missionnaires sur la terre, les hommes qui sont dans le camp du destructeur, sont ceux-là qui après leur mort, passeront leur vie dans un lieu de châtiment (l'enfer) ; ça sera simplement pour payer le prix de leurs mauvais actes sur terre, alors que dans l'opposé, ceux du camp du réparateur, vivront dans un lieu de repos (paradis) pour enfin se réjouir de leurs bienfaisances sur terre.

Laissez-moi vous apprendre que vous n'avez rien à perdre si vous y croyez. Si réellement ces deux endroits n'existent pas, de toute façon, tout sera fini et vous disparaitrez ; mais si réellement ils existaient, vous voyez le risque que vous prenez ? Le but ici, c'est de pousser l'homme à faire du bien par le biais du seul bienfaiteur agrée par Dieu. Et c'est Jésus le seul canal par lequel l'homme peut parvenir au paradis.

Satan connait parfaitement ces choses qu'il fait tout pour que l'homme les ignore afin de le piéger. C'est pourquoi il peut laisser tranquille quelqu'un dans son humanité c'est-à-dire qu'il le laisse gagner sa vie sur terre mais le gardant aussi dans la distraction pour que son éternité, la partie la plus importante de son existence, soit gâchée. C'est pourquoi nous disons que le choix de la foi est le point de départ pour une vie heureuse. Pourquoi donc ? C'est tout simplement parce qu'il y'a tellement de croyances sur terre que la confusion est vraiment totale. Il faut une perspicacité accompagnée par l'Esprit de Dieu pour parvenir à faire le seul et unique bon choix de la foi.

Ceci est très facile pour ceux qui sont dans le camp de Dieu comme dit ci-haut, de ceux qui proviennent de la pensée de Dieu avant d'être matérialisés sur la terre. Parce qu'ils sont de Dieu, ils finissent par tôt ou tard croire en Jésus comme seigneur et sauveur, mais… Il y'a encore des sacrifices à faire pour sortir vainqueur car souvenez-vous que la vie est un combat entre les malfaiteurs et les bienfaiteurs. Nous verrons dans les lignes qui vont suivre, quelques stratégies à mettre en place pour accomplir sa mission tout en gardant le statut de vainqueur en Jésus.

I. Le choix de la foi

Pour faire un bon choix de la foi, il faut se référer premièrement à l'observation critique car la nature est la plus grande enseignante de la vérité parfaite. Beaucoup observer et parler moins, vous donnera une piste sur votre choix de la foi. En observant, ne tombez pas dans le piège de tirer des conclusions sur le comportement des individus mais plutôt, référez-vous à la loi qui régit leur manière de vivre. Certes que je prône la foi chrétienne, mais je ne le fais pas par fanatisme car après observation non pas de ceux qui s'appellent chrétiens, mais de la vie et de la Bible, je suis parvenu à rejoindre les ainés qui ont vu comme je vois maintenant. Ainsi, pour vous épargner de mauvais choix, je vous défie d'observer par vous-même ce que dit la bible et de faire librement votre choix.

Ce qui est certain, ce que vous ne la comprendrez pas sans l'aide du Saint-Esprit et cela seulement quand vous êtes né de nouveau, c'est-à-dire que lorsque vous acceptez Jésus comme votre seigneur et sauveur personnel.

Comme promis ci-haut, choisir la foi chrétienne ne suffit pas car il faut la développer pour être capable de tenir face au vent de l'adversité. Voici quelques stratégies :

I.1. Quatre principes fondamentaux pour conserver sa foi en Dieu.

Nous parlons de la conservation de la foi parce que nous savons qu'en tant que chrétien, nous courons aussi le risque d'abandonner notre marche de foi à cause des vents qui ne cessent de souffler sur notre chemin. Si vous ne savez pas comment les déjouer, vous risquerez de trouver une occasion de chute et vous pouvez être tenté d'abandonner votre foi. Voilà pourquoi vous devez mettre en pratique les stratégies suivantes :

- Avoir la bible comme livre des livres.

Tout commence par ici. Après avoir cru en Jésus, vous devez avoir votre bible car c'est le livre qui contient le code de conduite d'un chrétien. Nous l'appelons livre des livres car pour le bonheur de l'homme sur la terre, plusieurs hommes sages et intelligents ont écrit des récits importants mais sans se référer à la bible, ces récits peuvent être des enseignements nuisibles surtout à notre éternité.

Je suis moi-même amoureux de la lecture et je parcours assez d'ouvrages pour découvrir les secrets de la réussite dans la vie. Plusieurs auteurs inspirés m'ont boosté et d'autres ont secoué ma foi en Jésus mais gloire soit rendue à Dieu parce que je suis suffisamment encré pour ne pas tergiverser.

Tout chrétien doit impérativement avoir une bible électronique et en papier. D'ailleurs, pour une meilleure compréhension, il faut tout faire pour avoir deux, trois, ou quatre versions différentes. Ce sera le meilleur moyen de connaitre les choses.

- Lire cette bible régulièrement.

Posséder une bible est une chose, la lire en est une autre. Pour jouer à l'apparence, plusieurs chrétiens possèdent des bibles à multiples versions comme recommandé mais cependant, peu sont ceux qui les lisent. Et même quand ils lisent, plusieurs ne lisent pas régulièrement. C'est ce qu'il faut éviter.

Pour affronter les revers de la vie, la parole de Dieu doit être incrustée dans notre esprit de façon à nous convaincre très profondément. Après avoir lu plusieurs ouvrages, j'ai compris qu'en réalité tout est décrit dans la bible, et qu'aucun principe menant au bonheur et prouvé scientifiquement, n'a été inventé. Tout ne fait que confirmer ce que dit la bible depuis les siècles. Un chrétien avertit lirait sa bible au moins deux fois le jour.

- Méditer ce qui est écrit dans la bible.

C'est bien de lire mais c'est mieux de méditer ce qu'on a lu. La différence est que la méditation ralentit le rythme de la lecture et nous permet de réfléchir sur chaque mot.

Nous avons qualifié la vie chrétienne d'une vie de liberté totale parce que nous avons le droit de refuser ce qui ne nous convainc pas, jusqu'à ce que Dieu nous éclaire lui-même. Lorsqu'on parle d'une lecture régulière de la bible, on ne fait pas allusion au plaisir de connaitre les histoires qui ont été racontées dedans. Certes que c'est important de les connaitre mais pour bénéficier de la bible, il faut la lire pour vivre ce qui a été dit pour nous. Par-là, la bible quitte l'étape d'être un simple code de conduite mais devient un album d'images comme l'a dit le Pasteur Chris Oyakhilomé.

Par album, nous voyons un reflet de votre propre image. Donc la bible vous montre ce à quoi vous devez ressembler. Elle vous décrit Dieu par Jésus et vous demande de lui ressembler, mais vous pouvez y parvenir que si vous méditez ne serait-ce sur un seul verset. Vous pouvez lire toute une histoire mais rassurez-vous toujours de tirer une portion que vous allez digérer le long de votre journée, et qui restera gravée pour toujours. Voilà l'importance de la méditation.

- Confessez ce que vous avez retenu.

C'est ici que la méditation trouve sa valeur car elle vous donnera la capacité de parler avec conviction de ce que la bible vous a révélé particulièrement. Les paroles sont énergie et elles donnent vigueur dans un corps qui les utilise.

Les scientifiques ont prouvé que nos actions trouvent leur racine dans le subconscient et que celui-ci est influencé par nos pensées dominantes. Si donc nos pensées sont focalisées sur ce que la bible nous dit, nous aurons la facilité d'influencer notre subconscient car il nous faudra juste répéter à haute voix de façon à nous entendre dire ce que nous voulons voir se réaliser dans notre vie.

Chaque domaine de la vie a des paroles correspondantes dans la bible ; il vous suffit simplement de découvrir là où elles se cachent et vous pouvez les utiliser à votre intérêt. Voilà pourquoi c'est important de connaitre la bible par cœur. Je vous assure que rien, et personne ne pourra vous dérouter de la foi chrétienne.

I.2. Trois principes à suivre pour faire grandir sa foi en Dieu.

Si les précédents principes étaient pour conserver sa foi, ceux-ci vous aidera à la faire grandir afin de faire des choses beaucoup plus grandes que vous ne l'avez pensé jusque-là. Si nous parlons de grandir, c'est parce que nous savons que la foi est un grain qui est censé devenir un arbre qui pourra abriter plusieurs personnes. Comment s'y prendre ?

- Armez-vous de la pensée d'un soldat.

Rappelez-vous que les humains sur terre sont des militaires soit du camp de Dieu, soit de celui du diable. Alors si vous avez cette pensée gravée dans votre tête, vous surmonterez beaucoup de choses, non pas parce qu'elles seront faciles mais parce que vous serez plus fort qu'elles.

De la même manière qu'un militaire est appelé à monter de grade par rapport à ses conquêtes, vous aussi vous serez éprouvé afin de passer au niveau suivant. Ce n'est pas moi qui l'invente mais c'est la bible elle-même qui vous le prévient dans le livre de 1pierre 1 :6-7. Donc face à des épreuves, si d'autres verront une adversité ou une impossibilité, vous, vous verrez une occasion d'être promis dans la foi.

- Ayez une église d'attache ou un groupe de prière dans lequel Dieu est présent.

Quoi que vous vous soyez armé d'un mental de militaire, vous devez savoir que vous ne pouvez tout, vous seul. Vous avez besoin des encouragements d'autres personnes. Vous avez besoin du soutien de quelqu'un qui partage votre foi car tous, traversons des vents et tempêtes violents. Les témoignages des autres ont toujours une place fondamentale dans le développement de notre foi.

Il peut vous arriver de perdre courage ou soit de ne pas clairement comprendre tel ou tel autre portion des écritures mais votre voisin, si. D'ailleurs, vous devez savoir que Dieu ne nous donne pas tout pour que nous puissions nous entraider ou nous compléter. Il dépose dans chacun de nous ce que nous pouvons fructifier et mettre au profit des autres, et vice-versa. Aussi, nous avons besoin de l'onction des uns les autres pour qu'ensemble, puissions bénéficier de l'onction corporative qui à son tour nous donne plus de force pour travailler d'un commun accord. Il vous faut impérativement fréquenter régulièrement une assemblée ; une église où vous mettrez vos services pour la gloire de Dieu car rappelez-vous que l'église existe pour nous chrétiens et que le service nous garde en sécurité.

- Soyez un homme ou une femme de prière.

Voilà le terminus de tout ce que nous avons précité. Si tout ce que nous avons dit ne vous amène pas à être une personne de prière, ce qu'il y a un problème. La prière, c'est le moteur de votre foi. Vous avez besoin de cela pour la mise à jour de votre état d'esprit. Point n'est besoin de vous détailler c'est quoi la prière car j'en ai déjà suffisamment parlé dans mon livre « le secret d'une prière exaucée ». Mais en quelques mots, la prière c'est le moyen ultime par lequel la parole de Dieu est gravée dans notre esprit. Elle est la cousine germaine de la parole de Dieu. Elles sont inhérentes et indispensables dans la vie de tout croyant qui veut réussir sa mission terrestre.

En passant, retenez que la prière n'a pas un timing ni un endroit précis pour qu'elle soit efficace. Elle a juste besoin d'être attachée à la parole mais cependant, il y'a certaines recommandations de la part de Dieu qui nécessite un endroit précis et un timing précis, et cela vous demande d'être intime au Saint-Esprit pour les découvrir.

La prière vous apporte l'onction qui à son tour vous donne la force non pas de fuir les choses mais de les affronter et de les vaincre en toute assurance.

Voilà dans un premier temps ce que vous devriez savoir sur la foi afin de tenir bon. Parlons maintenant du choix de la carrière professionnelle.

II. Le choix de la carrière professionnelle.

Pourquoi faut-il bien choisir sa carrière professionnelle ? C'est la question que vous devez certainement vous poser. Eh bien, c'est parce que votre carrière professionnelle cache votre prospérité financière, matérielle sans oublier le relationnelle car nous vivons dans un univers des humains.

Rien que par cette petite réponse vous avez déjà une idée sur ce que le bon choix de votre carrière professionnelle peut vous apporter. Lorsque nous parlons de carrière professionnelle, nous ne voyons pas directement ce que vous accomplirez mais le chemin que vous emprunterez pour accomplir ce pourquoi vous avez été appelé.

Comme dit plus haut, la direction que doit prendre un enfant dépend de l'encadrement qu'il reçoit de ses parents. Puisqu'ils sont des canaux par lesquels les enfants viennent sur terre, ils ont l'obligation de les scruter et de les orienter dès le bas-âge, à leur mission. Cet encadrement les mettra très tôt en contact avec les amis de leur destinée pour qu'ensemble, qu'ils s'acquittent de leurs tâches respectives. Nous voyons maintenant que les amis de la destinée, on les rencontre un à un depuis l'enfance. Il n'y a aucune piste à négliger car rencontrer d'une manière ou d'une autre de mauvaises personnes, que vous le vouliez ou non, affecte notre personnalité pour ensuite embrouiller notre chemin de mission.

Lorsqu'un enfant découvre très tôt ce pourquoi il a été appelé, il sait clairement quel genre d'amis doit-il avoir tout au long de sa vie. Les parents qui ont compris ça, trouveront toujours la manière qu'il faut pour que leur enfant fasse de bons choix d'amis même quand il se retrouvera seul, ailleurs.

Et les bons amis sont les canaux par lesquels Dieu passe pour nous faire du bien quand on en a vraiment besoin.

Une fois que l'enfant trouve son chemin, la richesse se crée automatiquement et il se voit être comblé sans que les parents n'aient envie de le pousser ou de lui rappeler d'aller chercher un boulot, ou de quitter le toit familial, etc. Très tôt, le jeune enfant vit sa passion et bénéficie du bonheur de la vie en toute quiétude. Il se retrouve prospère à tous égards car il fait ce qu'il aime.

II.1. Stratégies pour faire un bon choix de la carrière professionnelle.

Quoi que nous puissions inciter les parents à accompagner leurs enfants dans la quête de leur dharma, nous n'ignorons pas que d'une manière ou d'une autre, on peut toutes fois se tromper. Si c'est votre cas, voici comment vous pouvez vous rattraper car il n'est jamais trop tard.

- Commencez par énumérer sur une feuille de papier les talents que vous possédez.

Voilà le point de départ. Même si vous êtes déjà en pleine activité, rien ne vous empêche de faire cet exercice. C'est le moyen de vous évaluer et de confirmer ou non si vous êtes vraiment sur le chemin de votre mission de vie.

En vous demandant un tel service, nous sous-entendons que vous vous connaissez bien d'ores-et-déjà. Si tel n'est pas le cas, faites-vous aider par un proche. Demandez à quelqu'un qui vous connait bien, de vous dire les talents ou les qualités qui se cachent en vous. Il peut s'agir d'un proche parent, d'un ami, de votre partenaire, je ne sais pas moi mais quelqu'un de sincère qui pourra même vous citer vos défauts. Ça vous sera d'une grande aide, croyez-moi.

- L'étape suivante c'est de croire en ces choses avant de chercher comment les mettre au service des autres, car si vous n'y croyez pas vous-même, cela vous empêchera d'être efficace dans votre mission. Vous êtes beau ou belle, intelligent, fort, etc. Vous devez d'abord y croire.

- Après avoir cru, vous devez vous lancer à un exercice spirituel qu'on appelle visualisation. C'est le fait de vous voir dans le futur pendant que vous êtes dans le présent. Cela dans le but de jauger vos sentiments profonds car tout travail qui ne vous comble pas de joie, est un facteur de destruction de votre bonheur et cela signifie que vous êtes sur la mauvaise direction.

Le sentiment est un indicateur de prévention contre l'erreur. Il vous évitera le regret, c'est pourquoi vous devez visualiser avant de vous lancer définitivement dans un domaine quelconque. Prenez régulièrement des temps de solitude où vous vivez votre vie mais en pensée et si cela vous plait énormément, lancez-vous y même quand votre entourage s'oppose car vous êtes le seul à mieux comprendre le langage de vos sentiments.

II.2. Stratégies pour se faire des amis de la destinée.

Dans la même optique, une personne qui prend conscience de son entourage et qui veut vraiment changer les choses, a le plein droit de le faire car l'entourage est le facteur d'influence de nos pensées.

- Se connaitre soi-même.

Tout commence par ici car celui qui ne se connait pas ne peut non plus discerner ou bien choisir son entourage. Comme recommandé ci-haut, nous parvenons à nous connaitre en énumérant nos qualités et nos défaut, voire même notre vision ou notre but.

- Etre un observateur.

Quelqu'un qui se connait, observe bien les gens autour de lui. Nous appelons ça, la maturité. Une personne mature, c'est celle qui développe un œil critique et sait distinguer :

- Les figurants ;
- Les passagers et ;
- Les accompagnateurs.

Ceux-ci sont les trois sortes de personnes qui nous entourent mais dont chacune doit être mise à sa place.

- Les figurants.

Qui sont-ils ? Ce sont des proches qu'on n'a pas désirés mais qui d'une manière ou d'une autre, se retrouvent autour de nous. Ils sont en fait les données de la vie.

Ce sont nos voisins du quartier, nos amis d'enfance, nos amis d'école, nos collègues d'entreprise, etc. On ne les a pas demandés mais ils sont là et d'ailleurs, on vit bien avec même si y'a quelques cas d'exception. Alors, il n'est pas dit que puisqu'ils sont figurants, ils ne sont pas importants. Il n'y a jamais eu de hasard dans la vie. Cette masse de personnes qui nous entoure est importante d'une manière ou d'une autre soit pour nous forger, soit pour nous détruire aussi, ouais ! Rappelez-vous que nous sommes entourés soit des destructeurs, soit des réparateurs.

Vous comprenez pourquoi il est important de vous connaitre mieux ? C'est pour éviter de vous faire escroquer votre vie par un individu du camp du destructeur.

- Les passagers

Ceux-ci sont des personnes temporaires qui se collent à nous d'une certaine façon et à un moment précis pour nous aider à parcourir une certaine distance de notre vie. Ce sont ceux qu'on appelle amis pour un temps et qui par après nous quittent pour une raison qui n'est toujours pas claire. Vous causiez bien et vous fréquentiez souvent mais vous vous retrouvez un certain matin que le courant ne passe plus comme avant.

Ils vous font sentir l'amour et la passion mais qui vous laisse aussi avec un sentiment de vide intérieur. Ça peut s'agir de vos parents, de vos frères, de votre marie ou femme, de votre fiancé, de votre ami, bref quelqu'un de bien que vous avez eu à un certain moment de votre vie.

Outre les gens de bien, il y a aussi des passagers méchants que nous rencontrons dans la vie et qui nous font sentir très mal pendant un moment donné, laissant ainsi des traces de blessure dans nos cœurs. Ce sont des personnes qui un jour, nous connaitrons ce pourquoi nous avons croisé leur chemin.

Dans tous les deux cas, si vous connaissez que ce sont des passagers, votre sentiment ne tardera pas à redevenir à la normale et vous poursuivrez votre chemin de mission en se servant de leurs exemples. Comment savoir qu'il est un passager ? Le détail sur mon blog, d'ici peu.

- Les accompagnateurs.

Voilà les amis de la destinée avec qui nous sommes censés atteindre notre but dans la vie. Ce sont des personnes qui restent autour de nous dans le pire tout comme dans le meilleur. Ils traversent avec nous des époques et des générations pendant notre vivant voire même après notre mort, c'est-à-dire que nos deux familles continueront comme une seule famille, à se fréquenter même si on mourait.

Votre vie est comme un métro, et vous êtes le conducteur. Vous savez là où vous allez et en chemin, vous rencontrez des personnes qui vont à votre direction. Vous avez des places limitées et vous faites entrer quelqu'un de nouveau sur un arrêt où quelqu'un d'autre descend. Parmi toutes ces personnes y'a celles qui s'arrêteront là où vous allez vous arrêter aussi. Ce sont eux les amis de la destinée.

Donc votre choix d'amis se fait par rapport à votre direction. Dès que vous comprenez ceci, vous ne faites pas d'histoires quand les gens vous quittent sans raisons aucunes, et vous laissez entrer dans votre vie ceux-là qui ont la même vision et la même direction que vous.

Pour clore cet épisode, parlons du :

III. Choix du conjoint

Pourquoi faire un bon choix du conjoint ? C'est tout simplement parce que c'est l'une des principaux clés du bonheur de l'homme. Un mauvais choix de celui-ci embrouille automatiquement votre parcours de mission.

Vous pouvez réussir votre foi, réussir votre carrière mais si votre partenaire de vie est un échec, rassurez-vous de voir votre foi et votre carrière être dérangées tôt ou tard. Les gens qui veulent préserver ces deux choses, se lancent dans le processus de divorce dès qu'ils se sentent menacés or en tant que chrétiens, nous ne sommes pas appelés à divorcer pour des raisons que la bible évoque. Donc il nous faut bien choisir avant de se marier.

III.1. Comment faire pour bien choisir

- Connaissez-vous vous-même.

Comme dans l'amitié, ici aussi vous avez besoin de vous connaitre mieux. En d'autres termes, vous avez besoin d'une clarté totale sur votre personne avant tout. Votre mission de vie, vos qualités, vos défauts, vos attentes, vos préférences, vos gouts, etc.

- Confiez-vous en Dieu.

Eh oui ! N'oublions pas que ce domaine est beaucoup combattu par le diable et que si vous faites mal votre choix, vous permettrez à ce dernier d'envoyer ses soldats sur terre. Priez pour cela dans le souci de ne pas tomber dans le piège de l'ennemi.

- Soyez exigent.

L'exigence vous épargnera de plaintes et murmures qui rongent les mariés dans les foyers. Avant de vous remettre à Dieu, vous devez décrire dans votre tête le genre de partenaire que vous voulez vraiment. Vous devez être le plus clair possible parce que le mariage est aussi physique. Si ce n'est pas la personne qu'il vous faut, ne vous y lancez pas par pitié, ni par contentement ou je ne sais moi quoi parce que croyez-moi, vous le regretterez un jour.

Vaut mieux pour vous de rompre quinze fiançailles et de faire un bon mariage que de se précipiter pour regretter plus tard.

III.2. Quand est-ce que vous devez vraiment faire le choix

Certes que nous parlons du choix mais nous rappelons aussi que cela se fait à un certain âge et aussi à un temps précis. En parlant de l'âge, on parle de la maturité c'est-à-dire l'âge de la raison. C'est le moment où la personne sait le pourquoi d'être engagé à une autre personne ; celle qu'elle appellera l'os de ses os.

Concrètement, on se lance dans une relation des fiançailles lorsqu'on a le besoin de se faire accompagner. On ne s'engage pas parce qu'on a grandi ni parce qu'on a de l'argent mais on s'engage seulement si on est fatigué d'être seul. Et cela dans la bassesse tout comme dans la grandeur car pour certains, leur réussite nécessite un partenaire pour un soutien moral ou autres, alors que pour d'autres, il leur faut d'abord faire un grand pas dans la réussite de leur vie, ou voire même une totale réussite puis se faire accompagner par quelqu'un qu'ils pourront probablement rencontrer dans leur quotidien. Pour faire simple, on s'engage lorsque c'est nécessaire.

En quelques mots, voici donc comment vous pouvez commencer afin de faire des choix judicieux et au moment importun, dans les trois domaines phares de votre vie.

TABLES DES MATIÈRES

Introduction 1
ARBRE CONSCIENT.. 5
UN COMBATTANT 17
UN REVIVALISTE.. 26
LE CHOIX 31
I. Le choix de la foi 32
I.1. Quatre principes fondamentaux pour conserver sa foi en Dieu. .. 33
I.2. Trois principes à suivre pour faire grandir sa foi en Dieu............. 35
II. Le choix de la carrière professionnelle.. 37
II.1. Stratégies pour faire un bon choix de la carrière professionnelle. 38
II.2. Stratégies pour se faire des amis de la destinée......................... 39
III. Choix du conjoint 41
III.1. Comment faire pour bien choisir... 41
III.2. Quand est-ce que vous devez vraiment faire le choix 42

Printed by Books on Demand GmbH, Norderstedt / Germany